ESSAI

SUR

LA TOLÉRANCE POLITIQUE

ET RELIGIEUSE.

La presse est essentiellement libre, toutes les
fois qu'elle sert à propager des principes con-
formes à l'ordre public.

Par BRIZEY-FRADIN.

A PARIS,

Chez les Marchands de NOUVEAUTÉS ;
Et chez l'AUTEUR, rue St.-Thomas-du-Louvre,
Hôtel de Genève.

AN IX.

ESSAI

SUR

LA TOLÉRANCE POLITIQUE

ET RELIGIEUSE.

Quand les lois frappent de grands coupables, la persuasion, qui forme le supplément de ces lois, peut déployer sa puissance morale. Quel est notre but ? Nous voulons arracher des Français à l'influence de notre plus cruel ennemi.

Eh ! quel moment fut jamais plus favorable ! L'or de l'Angleterre fait fulminer parmi nous des passions homicides, inspire des forfaits dignes d'Erostrate, rallie des ennemis qui marchoient autrefois sous des bannières différentes, et qui se réunissent par le langage, les formes, l'emploi des moyens.

En entreprenant ce court essai, nous éprouvons une sorte de consolation, c'est qu'il ne s'adresse qu'à une poignée d'hommes qui veut lutter contre l'assentiment, presqu'unamime de la France et de l'Europe.

Un des effets que la révolution a produits, et que les calculs et les efforts de la prudence humaine n'auroient pu ni prévoir, ni arrêter, ce fut la diffusion des principes démagogiques. Pour arracher le bandeau aux citoyens encore égarés, il suffira de retracer d'une manière rapide et fidelle les causes et les effets résultans de la dissémination de ces principes.

Le cœur de l'homme présente le type, l'abrégé de la nature ; on y rencontre, ainsi qu'autour de soi, des élémens contraires, qui produisent l'harmonie ou le désordre, le bonheur ou la misère, selon que les affections qui le dominent sont plus ou moins éloignées de leurs points d'équilibre, et des limites déterminées par la raison souveraine. Par une conséquence de cette première observation, il est donc de l'essence des mouvemens déréglés ; de détruire tout ce qui peut y exister de grand et de

(5)

généreux. Eh ! d'où vient que parmi nous , les maximes les plus philantropiques sont deve-nues les fléaux de l'humanité ? C'est que l'exa-gération, la fureur favorisoient l'ambition, l'in-térêt personnel de leurs propagateurs.

Pour démontrer , en peu de mots , cette vérité , détachons quelques traits du grand ta-bleau de la révolution , afin de les lier à des conséquences nécessaires. Nous éviterons les détails : il est des images qu'il faut enfin couvrir ; leur aspect ne fait que réveiller les passions ; notre but est de les appaiser, en les éclairant.

La chute du dernier monarque fut le signal de la fermentation et de l'explosion des ambi-tions.

Après les événemens du 10 août, la France fut pour l'Angleterre un objet de spéculation. On sait que le duc d'Yorck signala son entrée à Valenciennes par des profusions excessives ; il cherchoit à corrompre , parce qu'il vouloit régner.

Un prince français, repoussé depuis long-tems par l'opinion générale, voulut s'emparer de l'autorité. Ses partisans prirent les formes populaires ; son lieutenant porta le bonnet rouge. En adoptant le nom d'Egalité, il sembla se mettre au niveau du peuple ; mais ce titre démocratique n'étoit qu'une égide destinée à couvrir ses prétentions.

Jusqu'à cette époque, la démocratie n'étoit qu'une imposture : comment s'est-elle changée en fureur exterminatrice ? Pour expliquer cet événement, il faut remonter aux massacres de septembre.

La députation de Paris avoit été formée sous les plus sinistres auspices ; à côté d'un grand nombre de ses représentans estimables figuroient quelques personnages hideux appelés à travers les cris des victimes, et qui n'étoient point étrangers à cette catastrophe.

Le courage inspiré par l'horreur des grands crimes est le lien qui rapproche les ames fortes et généreuses : dès les premiers momens de la convention, il s'établit une confédération entre tous les représentans recommandables par le talent, la moralité, l'énergie de la vertu.

Leur début fut un appel à la justice nationale ; ils demandèrent vengeance d'un attentat atroce, qui, demeurant impuni, entachoit la France entière, et sembloit souiller, dès sa naissance, le gouvernement sage qu'ils vouloient établir (1).

Cette démarche, qui les couvre de gloire, les accuse néanmoins d'imprévoyance ; elle étoit prématurée ; d'ailleurs, ils n'avoient calculé ni l'influence, ni l'audace de leurs adversaires. Cette démarche provoqua le 31 mai, journée de deuil, qui vit ensevelir à-la-fois la république et ses vertueux fondateurs.

Le parti dominateur envisagea avec effroi le nombre et les forces de ses ennemis. La masse en étoit énorme ; elle se composoit des privilégiés, de cette multitude de citoyens qui s'étoient fortement prononcés pour une sage indépendance ; des députés qui avoient courageusement protesté contre la violation de la représentation nationale.

Bientôt la terreur de leur ame se communiqua à tous les actes de la puissance dont ils s'étoient emparés. L'épouvante qui n'étoit qu'un sentiment, devint naturellement la base du système social.

_____

(1 Ce fut Loûvet, député de Paris, qui, le premier, porta la parole.

L'égalité absolue, la communauté des biens les maximes démocratiques sont malheureusement des leviers avec lesquels il est possible de soulever la multitude, chez laquelle il y a toujours plus d'impétuosité que de lumières.

L'extravagance ne fut donc que le prétexte de la fureur, un moyen de séduction.

Si l'on veut apprécier sainement l'abus désastreux des principes, il faut placer les idées auprès des choses : la liberté, l'égalité rappeloient l'obéissance aux lois émanées des représentans de la Nation ; l'agence des pouvoirs, confiée aux lumières, à la moralité.

Elles ne signifièrent que le droit d'insurrection, et les priviléges exclusifs de l'ignorance.

La fraternité devoit désigner la clémence, la bienveillance universelle, l'expansion de toutes les affections libérales ; la terreur, l'extermination furent mises à la place de ces mêmes affections destinées à opérer le bonheur et la consolation de notre espèce.

Les fureurs démagogiques n'ont donc d'autre origine que l'effroi de quelques hommes évidemment coupables d'un forfait contre l'humanité, la catastrophe du 2 septembre, de la violation de la représentation nationale, au 31 mai, qu'ils opérèrent, en égarant leurs conciotyens par l'appas de la puissance et les menaces; qui séduisirent la multitude ignorante, afin de l'opposer à la masse redoutable de leurs ennemis.

Ainsi, l'ambition, un intérêt de sécurité per sonnelle et de domination, défigurèrent les grands traits de la Nature. On ne l'a jamais impunément outragée: les grands coupables se sont frappés eux-mêmes avec les propres instrumens de leur fureur.

Classe industrieuse, portion utile et intéressante de nos cités, repoussez à jamais ces idées dangereuses: le bonheur consiste dans la jouissance des bienfaits placés sous la main de l'homme, la santé, le travail, la sobriété de l'ame, la modération dans les désirs. La fortune et les pouvoirs sont sans doute des dons brillans, mais fragiles, puisqu'ils ne dépendent souvent que des caprices du sort et de l'inconstance humaine; peut-être même n'y a-t-il de certain que ce que l'on tient de la Nature et de soi-même. Contemplons l'Univers; toutes les productions y sont variées à l'infini: du choc des élémens contraires naît l'équilibre; cette immense variété, ces grands contrastes concourent à l'harmonie; de même l'inégalité physique entre les hommes, la variété des talens;

l'inégalité des conditions, la différence nécessaire entre les agens des travaux et ceux qui les dirigent; celle entre le magistrat et le simple citoyen sont la base de l'harmonie du corps social.

Il nous reste à développer les conséquences résultantes de la propagation de ce systême.

La première est une division opérée parmi des citoyens qui n'avoient d'abord qu'un même but, un même intérêt. Depuis la fatale journée du 31 mai, il s'est formé une ligne de démarcation entre les partisans de la démagogie et ceux d'une sage indépendance ; d'un côté , est la flamme qui dévore ; de l'autre , est le feu qui vivifie et conserve ; ici , c'est un groupe ennemi de tout systême qui n'est pas le sien ; là , se trouve cette masse qui constitue le peuple, le vaste dépôt des talens, l'amour de l'ordre , la subordination, ce grand état moyen où ne sont ni les corrupteurs , ni les êtres corrompus.

Les amis de l'égalité politique pouvoient-ils oublier le sort des victimes et celui des proscrits du 31 mai! Ce ne fut point seulement contre les privilégiés que fut dirigé le fléau. Il frappa particulièrement les plébéiens, les amis de l'indépendance.

Sans doute la tolérance politique exigeoit, après le 9 thermidor, quelques ménagemens à l'égard des agens secondaires. Elle nous apprend que jamais il ne peut y avoir de délit à l'égard des particuliers qui obéissent à des lois injustes ou barbares, et que la responsabilité ne doit peser que sur ceux qui dirigent les volontés des citoyens. Quel fut donc le motif de la réaction? Le voici : Les lois qui gouvernent les êtres physiques ont sans doute des affinités avec celles qui régissent les êtres moraux. La force de répulsion dans les corps comprimés, est toujours égale à celle de la pression. Ainsi, tout être offensé est disposé, de sa nature, à repousser l'agression, par l'emploi des moyens semblables à ceux de l'offensant. La réaction partit donc du sein de la convention, si long-temps opprimée, elle ne s'arrêta qu'au moment où ses membres virent qu'ils alloient en être les victimes.

Les partisans des Bourbons, habiles à profiter de tout, s'emparèrent de ce mouvement réactionnaire, en faisant déverser sur tous les amis de l'égalité politique, l'odieux du gouvernement révolutionnaire. La Convention fut attaquée en masse, pressée jusques dans son enceinte ; enfin, la liberté ne dut son salut

qu'à des prodiges de valeur, et au génie conservateur de la France.

Ainsi, les principes démagogiques ont produit, pour premiers résultats, la division, la
réaction, des dangers imminens.

Passons à d'autres conséquences non moins
funestes.

Ces principes destructeurs de la démagogie
ont fourni aux privilégiés un moyen infaillible
de parvenir à leur but. On se souvient que
plusieurs commissaires de Louis XVIII se
montrèrent, dans des sociétés politiques, les
sectateurs les plus intrépides de l'anarchie.
Rappelons-nous cette époque malheureuse où
le génie étranger plana sur la France, après
s'être emparé de la tribune d'une société qui
fut si dangereuse. On vit paroître, en 93,
une secte qui fut signalée sous le nom d'*ul-
tra-révolutionnaire*. L'anarchie eut aussi pour
soutiens les Pinot, les Gusman, les Anachar-
sis-Clootz, tous étrangers qui proclamèrent
tour-à-tour l'athéisme, le nivellement, l'extermination de tout ce qui avoit appartenu
à l'ancienne monarchie. La révolution, semblable à Saturne, immola ses enfans ; tandis que ces émissaires, en bonnet rouge, souf-

floient l'anarchie , leurs affiliés , la croix à la main , excitoient la guerre de la Vendée.

Eh! quel étoit leur but? La dissolution, le rétablissement des Bourbons.

Que reste-t-il à vous prouver? C'est que l'exagéra qui se manifesta dans les crises politiques , fut l'auxiliaire de l'autorité qui voulut opprimer.

L'énergie produite par l'amour d'une sage indépendance a ses bornes , au-delà desquelles elle dégénère en fureur ; alors , au lieu de l'ordre , elle n'enfante que le chaos.

L'exagération est constamment le signe d'un délire , ou le masque qui couvre des projets favorables à l'autorité arbitraire. On peut même dire que cette assertion est devenue une leçon frappante : elle se démontre par l'histoire d'Angleterre , les événemens d'Italie et l'attentat du 3 nivôse.

La secte des indépendans , composée des républicains les plus exaltés , s'étoit réunie avec celle des presbytériens , qu'on peut appeler les modérés d'Angleterre. L'effort commun de ces deux sectes parvint à anéantir l'autorité et la personne de Charles Iᵉʳ. Evénement bizarre ! Charles II, son successeur, est rappelé au trône par la secte même des indépendans. Monck et quelques partisans du protecteur de la république sont les premiers à saluer la puissance dont ils s'étoient montrés les ennemis les plus redoutables. On les voit tous figurer dans les chambres ardentes, qui, au bout de vingt ans, condamnent à la mort des citoyens soupçonnés d'avoir parlé à des soldats républicains.

Fairfax jouit des honneurs suprêmes, et Sydney est envoyé à l'échafaud ! Le premier n'est qu'un imposteur, un fanatique de circonstances, l'hypocrite du moment ; l'autre est doué d'une ame forte ; l'amour de l'indépendance est chez lui le fruit d'une profonde sagesse ; son caractère inflexible jette l'épouvante dans l'ame de Charles II : il est sacrifié.

Examinons ce qui se passe en Italie. Les exagérés y deviennent des réacteurs : ils favorisent tour-à-tour la liberté et l'oppression. Après la bataille de la Trébia, et ces défaites qui rétablissoient la domination des Autrichiens, ils sont aux pieds de l'idole qu'ils avoient feint de renverser ; ils acceptent des emplois du gouvernement oppresseur, et le pouvoir, entre ces mains perfides est dirigé contre ceux-là mêmes dont ils avoient favorisé les élans.

En France, cette alliance entre deux partis extrêmes, s'est manifestée par l'identité d'affection , de langage , et la simultanéité des moyens de destruction. On a pu remarquer sur les fronts des hommes très-différens de systêmes, le même accablement au récit de nos éclatantes victoires; même imprécation de leur part contre le gouvernement.

L'attentat du 3 nivose est conçu, exécuté par des furieux figurant auparavant dans des partis opposés. Ce traité d'infernale alliance se trouvoit déjà retracé dans les papiers de la conspiration anglaise. On y rencontre ces expressions remarquables : *Nous avons des moyens de balayer l'anti-chambre ; nous trouverons facilement des faux frères.*

Ce que nous venons d'exposer, tend à démontrer clairement que l'exaltation est toujours l'auxiliaire de l'autorité qui veut opprimer.

Dès que l'influence de l'exagération est sentie, la raison doit ramener les anciens partisans de la démagogie à des combinaisons plus sensées; l'esprit exalté n'a qu'un pas à faire ; c'est de redescendre au point déterminé par la sagesse , et de revenir aux maximes d'une liberté modérée.

Or, le bienfait de l'égalité politique ne pouvoit pas être assuré par la constitution de l'an 3 ; la charte de l'an 8 est plus propre à remplir ce but.

Le fanatisme politique ou religieux est semblable au caillou ; plus vous le frappez, plus il lance de feu : la réaction ne fit qu'irriter les démagogues ; d'une autre part, elle favorisa les privilégiés. Il étoit donc nécessaire, après la rentrée des proscrits du 31 mai, de créer une autorité dont la vigueur fût calculée d'après la force des passions auxquelles on avoit laissé le tems de se fortifier.

Cette concentration de pouvoirs étoit peut-être impraticable à cette époque : la masse mise en mouvement avoit encore un grand intervalle à parcourir avant d'arriver au terme de repos ; elle avoit entraîné les législateurs, les philosophes, et tout ceux qui s'étoient flatté de la diriger. On peut dire que la constitution de l'an 3 étoit un code sage, convenable à un peuple neuf, mais nullement appropriée à notre situation : l'expérience prouva qu'elle portoit le germe d'une dissolution prochaine. Les choix périodiques entre les mains d'un peuple agité en sens différens, laissoient à chaque parti l'espérance d'une victoire ; nos assemblées n'é-

toient

toient plus que des théâtres d'intrigues, des luttes scandaleuses.

Ces élémens de discorde, émanés des assemblées primaires, alloient se communiquer aux conseils, ainsi qu'à l'autorité exécutive ; plus d'une fois elle fut violée, plus de cent membres furent bannis du corps législatif, ces révolutions s'étendirent au directoire, la moitié fut obligé d'abdiquer.

Toute puissance morale qui tend à l'inertie est bientôt exposée à tomber dans l'avilissement, car la puissance et l'inertie son incompatibles. Le pouvoir fut donc avili, parce qu'il étoit foible, instable ; quand malheureusement la division règne parmi les autorités premières, elle fournit à la malveillance l'impunité. On sait qu'il n'est pas de moment plus favorable à certains individus que le tumulte et l'incendie.

La foiblesse occasionna les désordres : sans doute on peut accuser l'imprévoyance, l'immoralité ; mais il faut blâmer le pacte social d'où dérivèrent tant de malheurs. Ainsi, la constitution de l'an trois, qui ne produisoit que des convulsions périodiques, étoit peu propre à maintenir la liberté nationale.

B

La constitution de l'an huit remplit mieux ce but.

La confection des listes d'éligibles, la détermination des choix par le gouvernement et le sénat conservateur, concilient les droits du peuple, présentent des moyens de diriger ces choix avec discernement; elles ferment toute issue aux factions.

Qui pourroit donc exciter des réclamations? Seroit-ce l'agence des pouvoirs entre les mains d'hommes connus par leur attachement à l'ancien ordre de choses? Mais la saine politique commandoit la fusion de tous les partis; or, ce ralliement ne pouvoit s'opérer que par le partage commun d'une autorité qui ne peut être que tutélaire et jamais abusive, parce qu'elle émane d'une puissance essentiellement protectrice.

Cette amalgame a pour effet d'apprendre à des citoyens qui se regardoient comme ennemis, à se connoître et à s'estimer; ce systême d'équilibre est enfin la théorie de l'égalité politique mise à exécution.

Seroit-ce la rentrée des émigrés qui pourroit semer l'inquiétude? D'abord la sortie du territoire à certaines époques, n'étoit pas un

acte de rébellion, mais de sûreté , par conséquent, légitime.

Beaucoup sont placés sous la surveillance
et la sauve-garde des lois. Les émigrés qui ont
pris les armes sont encore sous les drapeaux
de Condé ; ils sont connus , et quelle que soit
l'indulgence du gouvernement envers les proscrits, nous devons croire qu'il n'y aura point
de patrie pour ceux qui l'ont déchirée avec
tant d'acharnement , avec une persévérance
aussi coupable.

Quant à la jouissance des propriétés nationales , elle est garantie par le texte de la constitution, par toutes les opérations du gouvernement, qui, lui-même, a proposé des mesures
contre ceux qui troubleroient les acquéreurs
de domaines.

Telle est donc la garantie des choses. Voulez-
vous celle des personnes ? Examinez quel est
le caractère du législateur qui participa le
plus à ce nouveau mécanisme social ; considérez le caractère du magistrat qui commande,
et celui des conservateurs de l'acte constitutionnel.

Tournez les yeux vers le passé, comparez ,
jugez.

Le principal auteur de cette organisation robuste est le même qui proposa, en 89, le serment à jamais mémorable de Jeu de Paume, qui révéla au peuple le sentiment de sa dignité, et proclama ses droits en présence de l'autorité suprême.

Telle est l'organisation morale de l'homme ; il est entraîné malgré lui vers le beau et le sublime : il salue volontiers la toge du magistrat, le manteau du philosophe, mais il contemple avec plus de respect l'uniforme du général ; l'épée du héros lui rappelle des idées de puissance, de grandeur qui fixent son admiration et attirent son obéissance. D'où vient que Lycurgue est atteint d'une pierre lancée du sein de la multitude agitée, tandis que des dictateurs, après avoir déposé un pouvoir abusif, se promènent paisiblement dans les rues de Rome et de Londres ? Étudions la nature, et nous auronsl a solution du problême. Nous n'avons point de dictateur ; mais il falloit confier le maniement des forces nationales au guerrier philosophe, au conquérant législateur.

Dans ces tems d'ignorance et de barbarie où la force d'un athlète suffisoit pour constituer un héros, et captiver l'obéissance, Pepin-

Héristel mérita le respect des courtisans et les hommages du peuple, en terrassant un lion furieux.

Au milieu de nos agitations, le plus digne de la puissance consulaire, étoit celui qui pouvoit enchaîner les élémens de la révolution par sa fermeté et sa sagesse, opposer de toutes parts le prestige d'une grande renommée, les éclats du génie et de la victoire.

Considérez quels sont les dépositaires de l'acte constitutionnel.

Ici sont les fondateurs de la république, les restes vénérables échappés au 31 mai. Là, sont les héros de la liberté, des guerriers, couverts de gloire et d'honorables cicatrices. A côté sont ces hommes précieux dont le génie enfanta les arts utiles au bonheur de leurs semblables.

Telle est donc la garantie des personnes.

Désirez-vous celle des faits ?

Comparez le tableau de notre position avant brumaire avec le cadre brillant de notre position actuelle.

Avant brumaire, nos armées sont désorganisées, le territoire français envahi, des décrets révolutionnaires, l'emprunt, la loi des ôtages , portent de toutes parts la guerre civile , le désordre encourage les factions. Bientôt elles sont dans le néant ; le génie commande , des armées nombreuses paroissent tout-à-coup ; elles franchissent, avec la rapidité de l'éclair, les précipices affreux, les rocs étonnés de la présence de nos soldats. L'ennemi , frappé comme par la foudre , est dispersé , réduit à chercher un asile dans ses propres foyers; un systême régulier d'administration succède au chaos.

La constitution de l'an 8 remplit donc le but des amis de l'égalité politique.

Il est une différence bien essentielle à établir entre les partisans d'un gouvernement, dirigé par l'autorité d'un seul, et les partisans des Bourbons. Nous sommes revenus aux principes de la tolérance politique, qui nous apprend que nous avons tous reçu des penchans variés ; que l'ame, ainsi que le corps, a sa physionomie, ses traits caractéristiques, par conséquent ses affections indépendantes des lois, qui ne peuvent exiger des citoyens que le respect pour l'ordre établi.

Prouvons aux uns que la constitution de l'an 8 concorde avec leur systême.

Tâchons de ramener les partisans des Bourbons.

Les premiers trouvent, dans la charte de
l'an 8, un gouvernement fort, réunissant la
pensée des lois et les moyens d'exécution rapide. Eh ! quelle monarchie a jamais exécuté
de si grandes choses, en si peu de temps, et
avec une telle pénurie de moyens ? S'il a
créé tant de prodiges dans des momens diffi-
ciles, il y a tout à espérer de sa part dans des
temps calmes.

Les expressions de gouvernement représen-
tatif, de république, ne doivent plus inspirer
que la confiance. Henri-le-Grand n'avoit-il
pas cru propre à l'équilibre de l'Europe l'établissement de plusieurs républiques gouvernées
par des magistrats électifs ! Les excès de la
licence s'éloignent déjà de nous, ne nous oc-
cupons plus que des faveurs de la liberté. Ne
seroit-il pas déraisonnable de fuir la lumière,
parce que l'astre qui la produit, semble occa-
sionner la tempête ?

Partisans des Bourbons, donnez quelques
instans au calme et à la réflexion !

Songez d'abord à l'exiguité de votre nombre. Une sage politique a su ménager parmi

vous une diversion puissante. Beaucoup ont retrouvé une patrie qui les dédommage des humiliations et des amertumes qu'ils éprouvèrent sur un sol étranger. Liés par la reconnoissance et les lois de l'honneur, il faut croire qu'il y aura peu de traîtres, peu d'ingrats.

Ces Bourbons, que l'on défend encore, ont-ils, depuis dix ans, paru à la tête des colonnes ennemies ? Se sont-ils signalés par quelque acte de courage ? Leur conduite, et l'héroïsme de nos intrépides généraux, sont depuis long-temps appréciés par l'Europe, et l'on sait à qui appartient l'honneur de commander en France, ou de la naissance ou du mérite.

On peut avancer généralement, que tout prince détrôné ne se rétablit que très-difficilement ; s'il se relève, ce n'est qu'avec les foibles débris de son autorité. Les puissances voisines, presque toujours intéressées à sa chûte, en profitent pour s'agrandir. Ne creusons point l'histoire ; les événemens récens de la Pologne en sont la preuve. On peut opposer plusieurs exemples, qui forment contre-vérité. Charles II remonta sur le trône de ses ancêtres ; mais ce rétablissement est assez naturel à concevoir ; les puissances continentales n'avoient ni l'intérêt , ni peut-être les moyens d'intervenir dans les divisions d'un peuple insulaire , défendu par la nature et des flottes nombreuses.

Soyez bien convaincus que le ministère anglais ne s'est jamais occupé de rétablir les princes fugitifs ; il ne les conserve que comme des illustres instrumens de discorde ; il fait la guerre au nom français , à notre existence politique. Nelson, le téméraire vainqueur d'Aboukir, ne disoit-il pas, en agitant l'épée qu'il reçut pour récompense de sa victoire : *Cette arme doit servir à exterminer une puissance dont l'existence est incompatible avec la nôtre.*

Trois choses sont nécessaires à un gouvernement : La légitimité, la stabilité, les limites. Démontrons que le gouvernement français réunit ces trois conditions exigées par M. le chancelier de l'Echiquier.

Le pouvoir légitime est celui qui émane d'une puissance supérieure qui le confère, de même que l'usurpation est l'exercice de l'autorité qui commande, sans la participation de ceux qu'on veut soumettre à l'obéissance.

Or, n'est-ce pas la majorité des représentans, qui appela le premier magistrat qui nous gouverne? N'est-ce pas l'ouvrage de cette grande majorité qui fut proposé au peuple, et ratifié par lui de la manière la plus solennelle ? Eh *!* quel contrat social fut jamais plus parfait ? On a évité soigneusement la forme des acclamations populaires, toujours insigifiantes parce qu'elles entraînent sans cesse les foibles, et qu'on ne voit point de traces du lien social. Ce contrat est revêtu de la signature des citoyens.

Ce gouvernement ratifié par les Français, n'est-il pas reconnu, même par la majorité des puissances de l'Europe? Le ministère anglais croiroit il que le poids de son or peut faire pencher la balance des suffrages ? Toujours est-il vrai que le gouvernement français porte avec lui le sceau le plus authentique de la légitimité.

Quand on voudra défendre l'autorité Capétienne, Il deviendra bien difficile de prouver la légitimité originaire de cette puissance. Il est des citations qu'il faut reproduire, parce qu'on affecte de les méconnoître.

Ce fut le 2 avril 991 , que Hugues Capet parvint à s'emparer de Charles, héritier na-

turel du trône, par l'effet d'une trahison con-
certée avec Adalberon, évêque de Laon, qui
lui ménagea l'entrée de cette ville. Bientôt le
prince légitime meurt dans les prisons d'Or-
léans. La noblesse consent à cette usurpation,
en usurpant elle-même des fiefs dont elle n'a-
voit que la possession instantanée.

Si l'on oppose la prescription, nous re-
pousserons cet argument de barreau, par le
droit imprescriptible des nations ; nous cite-
rons cette maxime qui se trouve gravée sur
le sceptre de l'empereur de Russie: *Que le
pouvoir soit confié au plus digne. Detur
digniori.*

Objectera-t-on l'insuffisance des pouvoirs
de la majorité du corps législatif au 18 brumaire ?

Cette majorité n'a point seulement cédé à la
force des circonstances, elle a exprimé un vœu
national très-énergique, elle a rempli un grand
devoir.

Il falloit choisir entre la dissolution, l'igno-
minie, la radiation du nom français, l'asser-
vissement, la perte de dix ans de gloire et de
sacrifices, et ce gouvernement sage et ferme,
qui, en nous donnant la paix, ranimera les res-

sorts de l'industrie, versera sur la France tous les genres de prospérité, et réparera tous les maux que nous avoient préparés, depuis un siècle, des gouvernemens successivement foibles, corrompus et cruels.

La nation française étoit fatiguée de crises, de réactions, de la tourmente successive de tous les partis, de la fureur de ces passions violentes qui forment l'écume des révolutions ; son vœu étoit celui de la sagesse, elle haïssoit les extrêmes ; jamais le déployement de la force ne fut plus légitime, elle servoit à appuier les droits de la raison, à consolider le bonheur général.

Cette objection, tirée de l'insuffisance des pouvoirs de la majorité du corps législatif, se réduit donc à savoir si cette majorité a pu terminer la révolution, sauver la patrie, et lui procurer la paix. Il faut d'abord jouir, et laisser ensuite les esprits élevés et subtiles discuter la légalité du bonheur des nations, et mettre en thèse quelles sont les formes particulières à employer pour y parvenir.

En attendant ces grandes solutions, les émissaires de M. Pitt peuvent annoncer à leur maître, qu'ils n'ont pu rallier que quelques fu-

rieux, et que le peuple entier chérit son gou-
nement.

Venons à la seconde condition, celle de la
stabilité.

Un gouvernement stable, est celui qui, par
sa concordance avec les mœurs et par sa force
constitutive, peut résister à toute variation
d'état.

Cette concordance entre les mœurs et le
gouvernement s'établit par le développement
de la cause qui opéra depuis long-tems des
changemens dans notre systême.

Ce seroit s'exposer à une erreur très-grave
que d'attribuer la révolution à des abus de gouvernement, à l'influence des personnages. En
s'arrêtant superficiellement à ces accidens, on
s'éloigne du véritable point d'aperçu.

La cause la plus immédiate et qui doit frap-
per d'avantage, est l'influence du commerce
sur les mœurs ; c'est le commerce qui, en
faisant circuler les richesses, a inspiré le
désir de l'aisance, le goût des arts ; son action
fut vaste, les communications étoient faciles ;
elle fut rapide, elle s'exerçoit sur une nation
sensible, passionnée pour la gloire, naturellement avide de jouissances. On s'apperçut peu-à-

peu que la dignité du talent, l'initiation dans les hautes sciences, l'illustration née des succès, jointes à l'éclat de la fortune, devoient effacer la splendeur factice des titres, et les distinctions de la naissance. Cette cause enfin, depuis le grand Colbert et l'établissement des colonies, a miné l'échafaudage féodal, a rapproché insensiblement les négocians et les nobles ; elle nous apprit à préférer l'artisan au vassal, et l'atelier du commerce, au donjon du gentilhomme.

Cette concordance, source de stabilité du gouvernement, est donc prouvée.

Quant à celle résultante de la force constitutive, elle n'a pas besoin d'être démontrée ; car, elle est un principe inhérent au nouveau pacte ; elle dérive naturellement de l'énergie des pouvoirs, de leur étendue, de leur durée.

L'initiative entre les mains du premier magistrat, assure l'uniformité dans la législation, et nous préserve de la manie des innovations, de la fureur des systêmes, du danger des abstractions.

Cette stabilité a seule ranimé la confiance et les efforts de nos alliés ; la solidité de nos principes a peut-être fait autant que le courage d'une armée. Des puissances que nous comptions parmi nos ennemis, ont méprisé les critiques dictées par la haine : elles se sont apperçues que notre nouveau pacte étoit autant que possible en harmonie avec le système politique de l'Europe, qu'il n'y avoit plus à redouter pour elles ni insurrections, ni mouvemens, ni crises politiques. Eh ! d'où naquit ce changement étonnant et subit ? De la stabilité de nos principes constitutionnels.

Quant aux limites, elles étoient tracées par la nature, elles ont été de nouveau déterminées par nos victoires, elles sont reconnues par les puissances.

Une foule d'ecclésiastiques, tous recommandables par leur moralité et leurs talens, se sont empressés d'obéir, de prêter appui à un gouvernement sage, essentiellement tolérant. Comment se fait-il que quelques hommes persistent dans le refus d'obéissance ?

Nous pourrions leur observer que cette promesse exigée est une profession purement civile que tout gouvernement doit exiger, quand on considère la nature des fonctions, l'importance des idées religieuses, l'influençe de la morale.

Pour vaincre cette opiniâtreté, il suffira d'indiquer aux hommes égarés la source de ces discordes religieuses, et de leur exposer les conséquences qui en résultent.

Par une de ces bizarreries que la haine de notre implacable ennemi peut seule faire concevoir, le foyer de turbulence religieuse est maintenant fixé à Londres. Il paroît qu'il s'est formé en Angleterre une alliance entre quelques émigrés, chefs de la religion catholique et le ministère de cet état protestant. On connoît la destination de ces sommes portées sur le Budjet de l'Angleterre, sous le titre de secours ecclésiastiques ; ce ne sont que des encouragemens aux troubles.

C'est de là que partent les bulles d'insurrection contre nos lois, les manifestes de désobéissance à la constitution de l'an 8. Heureusement ces petites manœuvres ne peuvent plus influer sur le systême religieux placé sous la sauve-garde des lois. Elles vont réagir dans quelques oratoires secrets, où l'on sait qu'on invoque le génie qui fait à la France une guerre d'extermination, d'extermination, en lui demandant le succès des machinations infernales.

Cette opiniâtreté cessera sans doute, en indiquant qu'elle se rallie à la haine de notre ennemi.

Exposons les conséquences de cette opiniâtreté.

Son effet est d'inspirer le mépris pour les lois et les magistrats chargés de leur exécution ; elle tend à relâcher cette morale publique, qui forme le lien de la subordination sociale. Dés que les cérémonies religieuses ont l'initiative, les formalités des lois sont inutiles; on a les signes d'une religion, on est membre d'une secte, mais on est privé de ces titres précieux qui peuvent seuls conférer la possession d'état, déterminer le rang qu'on tient dans la société, et fixer les droits des familles.

Ces agens de discordes doivent apprécier l'inutilité constante de leurs efforts ; leur but principal a été la réoccupation des domaines nationaux. Sans doute quelques ames faibles ont pu se laisser par fois ou séduire ou épouvanter ; mais en général , on peut dire que dans des tems de lumières , il est impossible d'arracher avec la religion, des propriétés qu'on tient de la loi. Il est d'ailleurs une divinité chère à tous les individus, c'est l'intérêt personnel : comme c'est ce mobile qui met en activité ceux qui réclament, c'est le même agent qui les repousse et les écartera sans cesse.

Puisse donc le langage de la raison ramener le petit nombre d'hommes égarés, dissiper des desseins coupables, écarter la sévérité des lois !

Y auroit-il donc plus d'énergie patriotique chez nos ennemis que parmi nous ? En Angleterre, dès que la moindre atteinte est portée à la domination maritime, Shéridan et Pitt se réunissent ; le danger fait disparoître tout parti d'opposition : que l'honneur, la dignité du nom français se réveillent dans toutes les ames ; que l'esprit national se développe de toutes parts.

Malheur à l'homme vil qui s'incline devant cet or père des grands crimes, devant cet or qui, depuis dix ans, fait couler le sang de tant de victimes innocentes ! malheur à cet être dégradé ! il est tout-à-la-fois l'opprobre de ces concitoyens, et l'objet du mépris de ceux qui le corrompent.

Notre ennemi, épouvanté par nos victoires

et la coalition du Nord , cherche à tout prix des instrumens de vengeances ; sa fureur se tourne particulièrement contre le héros qui a conçu , exécuté , le projet hardi de la conquête d'Egypte.

Efforts impuissans ! On répétoit autrefois avec emphase : la république est impérissable. Hélas ! elle étoit sur le bord de l'abîme. Maintenant, on peut dire avec sécurité, que nos destinées reposent sur des bases solides : l'énergie des pouvoirs constitutionnels , leur concordance avec les mœurs nationales , le génie du magistrat qui commande , le courage des armées , la confiance des bons citoyens , la paix continentale, le respect et l'admiration des puissances les rendent inébranlables

La révolution est finie , elle est remontée à ses principes.

Egalité politique pour les Français.
Liberté des mers pour l'Europe.

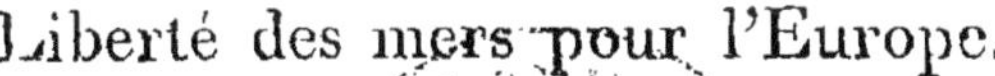

9 782019 147433